DEUXIÈME ANNIVERSAIRE

DE LA BATAILLE DE SEDAN.

DISCOURS

PRONONCÉ, LE 1er SEPTEMBRE 1872,

DANS L'ÉGLISE SAINT-CHARLES DE SEDAN,

par M. l'Abbé S. DUNAIME,

ARCHIPRÊTRE, CURÉ DE SEDAN.

SEDAN

IMPRIMERIE DE JULES LAROCHE

22, GRAND'RUE, 22.

LE 1er SEPTEMBRE 1872

A SEDAN.

Sedan célébrait, Dimanche dernier, le second anniversaire de la journée du 1er Septembre 1870.

Cette date est dans toutes les mémoires : on sait les évènements et les tristesses qu'elle rappelle à notre Cité, à nos Ardennes, à la France toute entière.

Après un immense désastre contre lequel nous ne pouvions rien ; après une large et bienveillante hospitalité accordée à nos blessés et à nos prisonniers, l'honneur de Sedan est d'avoir veillé avec sollicitude sur les tombes de nos morts, c'est de rester fidèle à leur mémoire en rendant à nos chers défunts l'hommage d'un sincère et utile souvenir.

On se souvient encore de notre cérémonie religieuse de l'an dernier. Elle s'est renouvelée avec la même pompe à la fois solennelle et triste. La ville avait repris la même attitude : celle qui convient le mieux à de tels souvenirs.

Dès le matin, la Cité prend un aspect inusité : les magasins restent fermés, les rues presque désertes. Comme l'an dernier, les habitations commencent à se pavoiser de drapeaux noirs ou tricolores voilés de crêpes funèbres.

Mais cette manière d'exprimer notre patriotique douleur donna lieu à un incident qui faillit devenir fâcheux. Aux abords de la citadelle, sur un drapeau national, une main trop indiscrète avait écrit : « *Vive la France ! A bientôt la revanche !* »

C'en était trop, assurément. Le délinquant, — si délit il y

avait, — fut conduit à la justice allemande. Le drapeau trop éloquent dut disparaître ; et ceux mêmes qui ne disaient rien, rien que les peines du cœur et les sentiments de l'âme, durent rentrer dans l'ombre, en attendant de meilleurs jours.

La population Sedanaise se résigna. C'était plus sage.

La démonstration, pour être moins extérieure, n'en fut pas moins réelle. L'Eglise était le rendez-vous commun du souvenir et de la tristesse, de la prière et de l'espérance. Là, du moins, le patriotisme et la foi pouvaient, à l'aise et sans encombre, s'exprimer librement sous le regard de Dieu et d'une façon vraiment utile pour ceux que nous voulions honorer.

A 11 heures, M. le Sous-Préfet, M. le Maire, député à l'Assemblée nationale, assisté de son Conseil, MM. les Présidents et les Membres de nos Tribunaux, tous les Fonctionnaires publics ; dans la foule, quelques représentants de nos armées, faciles à reconnaître sous leur costume civil ; enfin, la ville entière, autant que pouvait la contenir notre édifice, — étaient là, attendant avec un religieux silence le commencement de la cérémonie.

Par une coïncidence toute providentielle, un digne ecclésiastique de Metz se trouvait à Sedan et célébra le Saint-Sacrifice. Ce vénérable prêtre avait été le témoin de nos combats de Borny, de Rezonville et de Gravelotte. Ami de nos soldats il leur avait, depuis longues années, prodigué spontanément les secours de sa parole et de son ministère. Ils les avait vus combattre et mourir avec joie, pour la France, sous les murs de Metz, maintenant ville prussienne.... Aussi, que de larmes dans sa voix ! Et combien sa prière suppliante était à l'unisson de nos âmes !

Metz et Sedan ! — deux vieilles gloires militaires : l'une, orgueil de la province qui donna Jeanne d'Arc à la France, boulevard invincible aux légions de Charles-Quint ; l'autre, fière de son indépendance si bien défendue sous les de La Mark, et qui vit naître Turenne... Metz et Sedan, unies dans une commune humiliation indépendante de leur vaillance ! Sedan, prélude des misères de Metz : Metz, complément du désastre de Sedan ; toutes deux se donnant la main pour prier et pleurer !... Quel rapprochement !

Ce prêtre debout devant l'autel, dans le silence respectueux de la foule ; — Cette Eglise voilée d'un crêpe de deuil et illuminée comme une chapelle ardente ; — Ce drapeau de la France jeté sur un cercueil, emblême saisissant de notre gloire déchue ; — Ces chants lugubres du *Dies iræ* et du *De Profundis*, exécutés avec harmonie par notre jeune Maîtrise et alternant avec les sons mélodieux de l'orgue, graves comme les pensées et les souvenirs qui nous réunissent dans le Temple ; — tout cet ensemble à la fois majestueux et triste, c'était plus qu'un hommage rendu à la mémoire des Morts ; c'était l'image vivante de la Patrie qui croit et qui espère, qui achève, dans l'expiation et les larmes, l'œuvre de sa régénération future.

Mais il faut à l'assemblée chrétienne un organe, une parole vivante. Dans la chaire tendue de noir, apparaît l'orateur : celui que la circonstance réclame. Témoin de nos misères, il en parlera mieux que tout autre. Pasteur et père des âmes attentives à sa voix, il aura plus que tout autre, l'autorité et le droit de tirer du spectacle présent d'utiles et précieuses leçons.

L'an passé, à pareil jour, M. Dunaime, Archiprêtre de Sedan, empruntait au roi David ses accents de tristesse au lendemain de Gelboë, quand pleurant Saül et Jonathas tombés dans la bataille, il se demandait avec douleur : « Comment sont donc tombés les forts ?... Comment ont donc péri les vaillants d'Israël ?... Comment ont donc été détruits les instruments de guerre ?... » Et il s'élevait, avec le Prophète, à des considérations dignes d'être livrées à ceux qui gouvernent les peuples, et à ceux qui doivent leur obéir.

Cette année, c'est encore David qui fournira, dans sa conduite, l'exemple de ce que nous devons faire..............
....

Nous espérons que le discours de M. l'Archiprêtre sera intégralement reproduit : il restera, comme un souvenir de la cérémonie de Dimanche, dans les annales de notre Cité ; il sera, comme son aîné de l'an dernier, une des pages intéressantes de notre histoire locale.

Et si le nom de SEDAN reste à jamais flétri dans les annales des peuples, injustement confondu avec l'immense désastre accompli sous nos murs sans défense et devenus impuissants, ces pages, du moins, rediront à la postérité Sedanaise :

La ville qui fut le théâtre de la plus terrible catastrophe, fut aussi le théâtre du plus beau dévouement. La Charité fut là pour soigner les victimes de nos désastres. La Religion vint prier et pleurer sur la tombe des Morts : elle parla d'espérance à ceux que le malheur avait découragés ; elle signala les causes de nos ruines, et voulut montrer à tous le chemin qui ramène à la gloire. Il y eut une voix pour dire ces choses : un peuple pour les entendre ; des esprits intelligents pour les comprendre, et des âmes généreuses qui surent en tirer leur profit.

Toute la soirée du 1er Septembre, la ville est demeurée morne et silencieuse. La seule promenade autorisée paraissait être un pieux pèlerinage aux fosses qui avoisinent nos remparts : les fleurs et les drapeaux aux couleurs de France ont été renouvelés. Grâce à cette attention délicate, les visiteurs pourront encore reconnaître les lieux où reposent nos braves, en attendant qu'un monument durable soit érigé, en souvenir de notre mémorable défaite, sur le sol qui recouvrira leurs cendres réunies.

On dit que les soldats de la garnison, qui est bavaroise, émigraient le matin, vers les ruines de Bazeilles et dans les prairies de Balan et de Lamoncelle. Ils allaient déposer des couronnes sur les tombes de leurs frères, tués en si grand nombre dans les combats du 31 Août et du 1er Septembre.

Tes fils, ô France, n'ont pas tous reçu des couronnes d'immortelles.... Combien reposent ignorés sous la poussière de nos champs de bataille !... Mais tous ont conquis, pourtant, l'immortalité. Ils vivent dans le souvenir de leurs frères et ils vivront à jamais dans une meilleure patrie. Oui, tes morts ressusciteront : leurs corps, qui gisent çà et là, dispersés sur nos collines et dans nos vallées, se ranimeront au souffle de Dieu, pour ne plus mourir ! Mais déjà, leur valeur et leur courage revivent dans nos âmes prêtes à imiter leur dévouement et leur martyre !

E. C.

(Extrait de l'*Echo des Ardennes* du 5 Septembre 1872).

DISCOURS

PRONONCÉ, LE 1er SEPTEMBRE 1872,

DANS L'ÉGLISE SAINT-CHARLES DE SEDAN,

par M. l'Abbé S. DUNAIME,

ARCHIPRÊTRE, CURÉ DE SEDAN.

Igitur post haec consuluit David Dominum, dicens : Nùm ascendam in unam de civitatibus Juda ? Et ait Dominus ad eum: ascende. Dixit que David : Quò ascendam ? Et respondit ei : in Hébron.

Après cela donc, David consulta le Seigneur, disant : Monterai-je à quelqu'une des villes de Juda ? Le Seigneur lui dit : Montez. David reprit : où monterai-je. Et le Seigneur répondit : à Hébron.

(11e Livre des Rois, Ch. IIe, V. 1er).

CHERS & BIEN-AIMÉS FRÈRES,

Nous voici donc au second anniversaire de cette trop fameuse bataille qui portera à jamais le nom de Sedan. Hélas ! fallait-il que notre chère cité, après avoir donné le jour à l'immortel Turenne, fût affligée dans la suite des temps, d'une célébrité si contraire ! Fallait-il que tout près de Rocroi, qui se glorifiera toujours de la victoire remportée sous ses murs, elle devint, elle, pour les siècles à venir, le triste mémorial d'une immense catastrophe.

L'an dernier, au souvenir d'une défaite pareille essuyée par les Israëlites sur les montagnes de Gelboë, nous empruntions à David son cantique funèbre, pour pleurer nos morts et nous disions : Ah ! comment sont donc tombés les forts ! *Quomodo ceciderunt fortes !* Comment ont-ils été vaincus, eux qui étaient si braves et comment ont-elles péri dans l'impuissance leurs armes redoutables ! *Quomodo ceciderunt robusti et perierunt arma bellica ?*

O montagnes voisines, qui vous êtes abreuvées de leur sang, gardez leurs tombes pour l'enseignement des générations futures ! O mères qui, jour et nuit, cultivez leur mémoire, pleurez, mais soyez fières, ils sont morts au champ d'honneur ! O généreux concitoyens ne les oubliez pas non plus, et songeant qu'ils se sont sacrifiés pour vous, priez, priez pour eux d'un cœur attendri et reconnaissant.

Aujourd'hui, imitons encore le Roi-Prophète, et tout en leur continuant le secours de nos prières, apprenons à nous relever au nom de Dieu et de la Patrie ; c'est en marchant, en effet, sur ses traces, que la religion et le patriotisme sauront nous rendre bientôt parmi les peuples le rang d'honneur que nous avons perdu.

I.

Les derniers devoirs étaient à peine rendus à ceux qui avaient succombé, que David recourut au Seigneur, lui demandant ce qu'il avait à faire dans une conjoncture si grave. *Igitur post hæc consuluit David Dominum.* Voilà une phrase bien courte : mais de quelle portée ! mais quel sens profond ! mais quelle importante et salutaire instruction ! Saül mort, la couronne passait de droit sur la tête de David ; celui-ci ne l'ignorait pas, et d'ailleurs, intelligent et expérimenté comme il était, il n'avait besoin, ce semble, que de ses propres lumières pour décider que, sans perdre de temps, son devoir était d'entrer dans son royaume et d'en prendre possession ; néanmoins sa première pensée est de se tourner vers Dieu pour implorer humblement ses lumières et son assistance ; et franchement n'est-ce pas là la conduite que nous avons à tenir nous-mêmes ?

« Pour les nations comme pour les individus, dit Bossuet, le malheur fait dans les âmes un vaste désert où retentit la voix de Dieu. » Eh bien, elle a retenti, elle retentit encore dans la France abattue, que dis-je, dans l'univers étonné, cette grande et solennelle voix. Ecoutez : elle parle nommément de nous, elle s'adresse spécialement à nous ; c'est donc à nous, plus qu'aux autres de l'écouter et de réveiller en nous, à ses accents, les sentiments religieux, les vertus chrétiennes: la foi qui sauve, l'espérance qui soutient, la charité qui ranime et dans les grands maux, moissonne des biens plus grands encore.

Le jour de la bataille, dans cette église même, on apporta un général blessé à mort; je m'approchai de lui avec une vive émotion ; près du grabat où il allait expirer sans se plaindre, ses deux aides de camp étaient à genoux et pleuraient. Je leur demandai si l'on avait pansé le général, ils me répondirent que oui; alors, ajoutai-je, c'est le moment de s'occuper de son âme. Ils ne le voulaient point, ils contestaient de peur de l'attrister ; mais lui, nous entendant, ouvrit les yeux : il me regarda et il dit: Monsieur le curé a raison !... Eh bien ! depuis le même jour vous portez au cœur, nous portons tous une blessure que le temps n'a pas cicatrisée et qu'il ne cicatrisera pas. Je vous dirai donc également : c'est le cas de rentrer en nous-mêmes, de penser à Dieu, de lui demander pardon, aide et conseil; oui, si vous voulez réfléchir un peu, vous avouerez sans peine que j'ai raison et vous suivrez noblement l'exemple de David. *Igitur post hæc consuluit David Dominum.*

Vous applaudirez aussi à ce qui vient d'être prescrit pour rendre à nos soldats, le libre exercice de leur religion. Que le Dieu des armées revoie donc la nôtre s'honorer de le servir.

Qu'il la revoie garder les dimanches, incliner devant lui ses drapeaux respectueux, et quand il le faudra, marcher au combat sous ses auspices et ses bénédictions !

Alors en regard de l'autorité divine respectée de tous, nous la verrons, à notre tour, observer mieux la discipline qui fait sa force et sa solidité ; alors en regard de la croix et de l'adorable victime, elle pratiquera mieux le sacrifice, et autant que de soldats elle comptera des héros comme les cuirassiers de Reischoffen, les fantassins de marine de Bazeilles, les chasseurs d'Afrique et les hussards des hauteurs de Floing, les zouaves pontificaux de Patay.

Alors elle aura pour la mener à la victoire des généraux qui, après avoir combiné les meilleurs plans de campagne, seront également capables, Dieu étant avec eux, ou de les exécuter de point en point si leurs prévisions se réalisent, ou, ce qui est plus difficile et plus honorable encore, de les modifier heureusement, si les circonstances le demandent ; car, c'est encore une pensée de Bossuet, « on a beau compasser dans son esprit tous ses discours et tous ses desseins, l'occasion apporte toujours je ne sais quoi d'imprévu ; en sorte qu'on dit ou qu'on fait toujours plus ou moins qu'on ne pensait, et cet endroit inconnu à l'homme dans ses propres actions et ses propres démarches, c'est l'endroit secret par où Dieu agit et le ressort qu'il remue. » *Igitur post hæc consuluit David Dominum.*

Enfin l'Etat lui-même ne sera point sans Dieu, et l'on ne dira plus que la loi est athée. Un peuple n'est pas une abstraction, mais une vivante réalité, mais un être organique, un être social qui a sa vie propre, et le foyer où s'alimente la vie d'un peuple, c'est surtout le culte de Dieu, la religion.

Vouloir un peuple sans Dieu, une société sans religion, ce serait vouloir un corps sans âme, un arbre sans racines et sans atmosphère, un édifice sans base, sans perpendiculaire et sans couronnement. C'est sans doute beaucoup qu'après de si terribles bouleversements, l'ordre matériel reparaisse parmi nous, c'est beaucoup que les troupes se réorganisent, que les armes se reforgent, que le crédit refleurisse, et que brille avant le jour fixé d'abord, l'aurore de l'affranchissement définitif. Toutefois, il y a quelque chose de plus capital, de plus essentiel encore, c'est que la Nation en masse, c'est que l'Etat qui la représente sous sa forme civile et politique, revienne de plus en plus à Dieu ; c'est que lui aussi, sentant le besoin de se reconstituer d'une manière parfaite, il demande religieusement cette haute faveur à Celui qui seul peut la lui accorder. *Igitur post hæc consuluit David Dominum.*

II.

Le Seigneur avait ordonné à David de monter à Hébron : *Ascende in Hebron,* et le fidèle serviteur y monta sans retard : *Ascendit que David.* Quel enseignement, quelle leçon peut-il y avoir là pour nous? S'il y en a une, nous le saurons, en remarquant que la vallée d'Hébron était le berceau de la nation juive. Effectivement, c'est là que les patriarches avaient vécu et que reposaient leurs cendres vénérées, et la ville du même nom, ancienne capitale des Philistins, conquise sur eux par Josué, rappelait mieux que toute autre les merveilleux commencement du peuple de Dieu.

Puisque donc dans la situation critique où se trouvait David et où nous nous trouvons nous-mêmes, à la suite de la plus funeste des guerres, il y a entre lui et nous, comme d'ailleurs entre sa nation et la nôtre, tant de points de ressemblance, ne suis-je pas autorisé à prendre pour nous, dans un sens qui nous conviendrait parfaitement, la parole du Seigneur au prophète : *Ascende in Hebron.* Serait-ce témérité de vous dire: vous demandez que faire pour redevenir vous-mêmes? Souvenez-vous donc d'Hébron, c'est-à-dire, rappelez-vous vos origines sacrées, rappelez-vous toutes ces sources bénites où vous avez puisé si longtemps la puissance, la grandeur, la gloire, et hâtez-vous d'y remonter. *Quò ascendam?..... Ascende in Hebron.*

a dit le poète; sans aucun doute, mais qu'est-ce que la Patrie? Quoiqu'on le sente bien, ce n'est pas aisé de le définir. Essayons cependant.

La Patrie, c'est d'abord l'autel : *Pro aris.* Nous venons de le voir, il ne peut y avoir de peuple sans religion, ni par conséquent sans autel. Or, notre autel, c'est l'autel catholique, celui-là même que Clovis érigeait en son cœur, lorsqu'aux champs de Tolbiac il combattait les Allemands. Les Allemands? Oui, à notre établissement dans les Gaules, à notre premier jour de nation, ils étaient déjà là contre nous, et nous contre eux; et déjà ils se montraient les plus forts. Mais le chef des Francs leva les mains au Ciel en s'écriant : « Dieu de Clotilde, si tu nous donnes la victoire, nous n'adorerons plus d'autre Dieu que toi! » Et victorieux, ils tinrent parole. Le jour de Noël, 496, ils se firent baptiser à Reims,—précisément à Reims, notre Hébron à nous—des mains de Saint Remi et de ses prêtres. Et comme c'était le premier baptême donné à toute une nation à la fois, elle reçut le titre de fille aînée de l'Eglise. Beau titre qu'elle n'a pas perdu sans doute, mais qu'il lui importerait tant de justifier de nouveau, en se retrempant dans les saintes énergies de son baptême. *Quò ascendam?..... Ascende in Hebron.*

La Patrie, c'est le foyer, c'est le lieu natal : *Pro focis.* C'est donc pour nous, sous l'arc-en-ciel des souvenirs d'enfance, cette terre fortunée « où le soleil tempère ses ardeurs sans qu'elles cessent d'être fécondes, où les pluies du Ciel, les rosées et les douces brises se succèdent en d'harmonieuses saisons, où germent, éclosent et mûrissent les moissons des champs, les fruits des vergers, et ces grappes empourprées d'où sort la généreuse liqueur qui réjouit le cœur de l'homme; c'est cette admirable contrée, coupée par des fleuves majes-

tueux, des rivières limpides et des ruisseaux charmants, (1) »
où les vallées s'unissent gracieusement aux montagnes, les
prairies aux forêts et les guérets aux prairies; où l'art s'ajoute
à la nature, le monument au site, la perle du foyer aux trésors
du sol, où rien ne manque pour charmer le regard, pour
enflammer le sentiment, pour rendre un peuple heureux; en
un mot, c'est la France qu'on a nommée « le plus beau des
royaumes après celui du Ciel, » la France que la Sainte
Vierge elle-même favorise de ses plus célèbres apparitions. Et
néanmoins, il se trouve des hommes, même en France, qui
maudissent notre attachement à la France; oui, je ne les
calomnie pas, ils voudraient qu'en face de l'incendie qu'ils
allument au cœur du peuple, en attendant qu'ils recommen-
cent de brûler les édifices et les temples, nous laissions passer
sur elle avec indifférence le barbare niveau de leur Interna-
tionale; ils voudraient, ils l'ont dit expressément, que cet affreux
progrès, qui consommerait sa ruine, nous consolât d'avoir
perdu deux de ses plus riches provinces ! Oh ! non, mille fois
non ! que la France nous soit plus que jamais une terre sacrée
et inviolable et que notre amour pour elle grandisse à propor-
tion de ses malheurs et de ses dangers! *Quò ascendam?...
Acende in Hebron.*

La Patrie, c'est la Nation. De même que chaque individu a
son caractère et chaque famille ses traits de race ; de même
chaque peuple a ses qualités distinctives, sa nationalité.
Si je disais moi-même ce qu'est la France sous ce rapport, je
serais suspect de partialité. Qu'un autre donc prenne la parole,
et non pas le dernier, mais le Pape écrivant au Roi, Grégoire IX à
Louis IX. « Le Fils de Dieu, disait-il en son langage magistral,
le Fils de Dieu, aux ordres duquel obéit tout l'univers, a
constitué les différents empires : après la division des langues
et des races, il a institué les divers peuples, afin de les
employer à l'exécution des ordres du Ciel. Et comme autrefois
la vaillante tribu de Juda avait reçu de Dieu une bénédiction
spéciale, de même la nation française a été décorée d'une

(1) R. P. Mousabré.

prérogative d'honneur et de grâce au-dessus de toutes les
nations de la terre......... Jésus Christ, dit-il encore, l'a prise
en sa particulière possession, comme un carquois, d'où il tire
fréquemment des flèches choisies qu'Il lance avec la force
irrésistible de son bras, pour la protection de la liberté et de
la foi de l'Eglise, pour le châtiment des impies et la défense
de la justice. (1) »

Voilà sans doute ce qui explique cet impérieux besoin de
venir en aide à tout ce qui souffre, à tout ce qui est faible et
opprimé, dont nous sommes si fortement travaillés. Voilà la
glorieuse raison de ce chevaleresque entrain, avec lequel nous
nous nous sommes battus tant de fois pour les autres plus
que pour nous-mêmes. Ah ! ce n'est pas moi qui le condam-
nerai, du moins en principe : je l'aime et je l'admire ; mais
Dieu veuille qu'en le suivant désormais, nous nous inspirions
de nouveau des magnifiques paroles du Saint-Siége et que
nous ne cessions plus de mériter la prérogative d'honneur
et de grâce qu'elles nous attribuent. *Quò ascendam ?......
Ascende in Hebron.*

Enfin la Patrie est avec l'autel, le foyer et la nation, le
patrimoine de gloire qu'ils ont acquis le long des âges. Or,
quelle gloire nous manque en nos quatorze siècles d'existence ?
Est-ce la gloire de la législation, de la magistrature, du
sacerdoce ? Nullement. Est-ce la gloire de l'éloquence, des
lettres, de la science, des arts, du commerce ? Pas davantage.
Est-ce la gloire de la sainteté, du dévoûment, du sacrifice,
de la charité sous toutes ses formes ? Encore moins, assurément. Est-ce enfin la gloire des armes ?...... Hélas ! comment
en parlerai-je devant ce drapeau renversé ? Et ce voile de
deuil qui recouvre encore nos deux dernières années, comment le dérober à nos regards ? Ah ! du moins qu'on nous
permette de reporter nos pensées en arrière, qu'on nous
permette d'aller d'Austerlitz à Iéna, d'Iéna à Denain, de Denain
à Bouvines, de Bouvines à Orléans, d'Orléans à Poitiers, de
Poitiers à Tolbiac, et que tous ces théâtres de nos grandes

(1) Labbe, collection des Conciles. T. XIVᵉ.

victoires nous offrent d'avance, dans les splendides reflets du passé, les consolants retours de l'avenir. *Quò ascendam ?*...... *Ascende in Hebron.*

Le Roi-Prophète demeura sept ans à Hébron avant d'entrer à Jérusalem. Aurons-nous à attendre si longtemps que la Jérusalem catholique soit rendue au Roi-Pontife? Je n'en sais rien; et qui pourrait le dire? Mais une chose certaine, c'est la confiance où nous sommes que tôt ou tard, le Saint Père rentrera dans ses droits imprescriptibles, que la France ne sera pas étrangère à cette restauration décisive et qu'elle y rencontrera l'achèvement de son propre salut. Certes, ce n'est pas un article de foi que je propose, c'est simplement un précieux espoir que je voudrais voir rayonner de mon cœur au vôtre; car s'il était vrai que le sort de la France fût lié aux destinées de l'Eglise, pour assurer au souverain Pontife, autant que possible, l'Etat indépendant que réclame la liberté de son suprême magistère, alors l'une ne périrait pas plus que l'autre, et ne pourrait-on pas dire, dans une certaine mesure, de la Fille comme de la Mère : *Cujus regni non erit finis ?*

Eh bien! voyez: les deux Etats sont nés ensemble; ensemble ils ont grandi; ensemble ils ont vécu longtemps de la même vie; ensemble ils sont tombés ; pourquoi donc ne se relève-veraient-ils pas ensemble? Et qu'ils seraient heureux les témoins de ce double triomphe ! Oh ! oui, tous les vœux de notre devise: *Dieu et Patrie*, seraient alors exaucés et, grâce au Christ « qui aime les Francs » comme disaient nos pères, nous aurions assez cueilli de nouveaux lauriers, pour en couronner, jusque dans leurs tombes, sur nos montagnes et ailleurs, tous ceux qui, en ces jours d'ineffables désastres, ont donné leur vie pour la France. Ainsi soit-il.